MAE GÊM YN FWY NA GÊM

BLODEUGERDD CHWARAEON

GOL. SIONED DAFYDD

Cyhoeddiadau
barddas

I fy holl deulu, ffrindiau a chyd-weithwyr hyfryd.
Chi werth y byd i gyd yn grwn.

Ac er cof am Dad-cu.
(Ond sori, fi dal ddim cweit yn deall rheolau criced!)

S.D.

MAE GÊM YN FWY NA GÊM

BLODEUGERDD CHWARAEON

GOL. SIONED DAFYDD

Cyhoeddiadau
barddas

ⓟ Sioned Dafydd / Cyhoeddiadau Barddas ©
Hawlfraint y cerddi: ⓟ y beirdd a'r gweisg ©

Argraffiad cyntaf: 2024

ISBN 978-1-91158-479-7

Cedwir pob hawl. Ni chaniateir atgynhyrchu unrhyw ran o'r
cyhoeddiad hwn na'i gadw mewn cyfundrefn adferadwy na'i
drosglwyddo mewn unrhyw ddull na thrwy unrhyw gyfrwng electronig,
tâp magnetig, mecanyddol, ffotocopïo, recordio, nac fel arall,
heb ganiatâd ymlaen llaw gan y cyhoeddwr, Cyhoeddiadau Barddas.

Cyhoeddwyd gan Gyhoeddiadau Barddas.
www.barddas.cymru

Mae'r cyhoeddwr yn cydnabod
cefnogaeth ariannol Cyngor Llyfrau Cymru.

Y darluniau: Regan Gilflin.
Dyluniad: Tanwen Haf.
Ffotograffau'r clawr: Cymdeithas Bêl-droed Cymru.

Argraffwyd gan Wasg Gomer, Llandysul.

CYNNWYS

CYN Y GÊM
Rhagair   x

HANNER CYNTAF
Gêm - Gwyneth Glyn	2
Crynodeb Bachog o Reolau Criced - Idris Reynolds	3
Croeso i'r Liberty - Robat Powell	4
Wrecsam, Tachwedd 1978 - Bryan Martin Davies	6
Nofio - Manon Awst	8
Tîm Rygbi Merched Cymry Caerdydd - Anni Llŷn	9
Bread of 'Eaven - Dafydd John Pritchard	10
Stadiwm y Mileniwm - Emyr Lewis	12
Y Gêm Fawr - Gruffudd Owen	13
Gorau Chwarae (i). - Llio Maddocks	14
Ewro 2016 - Llion Jones	15
Clwb Pêl-droed Caerdydd (yr Adar Gleision) - Rhys Dafis	16
Gwisg - Emyr Davies	18
#TDF2018 - Llion Jones	19
Rhyfelgri i Warren Gatland - Rhys Iorwerth	20
Ail i Glwb Pêl-droed Lerpwl - Hywel Griffiths	22
Dringwr - Idris Reynolds	23
Llwybrau - Ann Dafis Keane	24
Wimbledon - Tîm Talwrn Caernarfon	26
Chwaraewr Tenis - Hywel Griffiths	27
Y Naid Bynji - Janice Jones	28
Golff - Gwenallt	29
Chwarae Pêl-droed efo'r Masai - R. Arwel Jones	30
Llaw Morgan - Mari George	32
Disgwyl Enfys - Elinor Wyn Reynolds	33

Caerdydd 3.6.17 – Ifor ap Glyn	34
Real v Juve 3.6.17 – Ifor ap Glyn	35
Cwpan y Byd – Rhys Iorwerth	36

HANNER AMSER

Sgorio – Caryl Bryn	40
Limrig Dienw – Gwenno Davies	42
#TimMenywodCymru – Llion Jones	43
Spirit of the Blues – Sioned Erin Hughes	44
Cyffro – John Gwilym Jones	45
Titws Taf – Dyfan Lewis	46
"Ti'n rhy ddel i chwarae rygbi": Stwff ma hogia 'di ddeud wrtha fi vol. 21 – Llio Maddocks	47
Llongyfarchiadau – Myrddin ap Dafydd	48
Man Gwyn – Eurig Salisbury	49
Yma o Hyd – Beryl Griffiths	50
Dafydd Iwan – Geraint Løvgreen	51
Rheolwr Tîm – Eirlys Davies	52
Chwaraeon – Mari Lovgreen	53
Hanner Amser – Idris Reynolds	54
Wembley – Geraint Jones	55
Panini 1978 – Llion Jones	56
Mewn Cynhadledd i'r Wasg – Rhys Iorwerth	58
Cywiro Camgymeriad – Gwennan Evans	59

AIL HANNER

'This is not Soccer!' – Aneirin Karadog	62
I Geraint Thomas – Iwan Rhys	64
Tanni Grey-Thompson – Dic Jones	65
Phil Bennett – Ceri Wyn Jones	66
Cân Shane – Myrddin ap Dafydd	68
Criced – Dafydd Rowlands	70
Teigrod – Nia Morais	72
Medal – Tîm Talwrn Penrhosgarnedd	74

Ras y Moelwyn 2017 – Marged Tudur	75
Gêm – Buddug Roberts	76
Disgwyliadau – Buddug Roberts	78
Joe Allen yw fy Mugail – Aneirin Karadog	79
Gareth Bale ar Achlysur ei Ganfed Cap – Llion Jones	80
Jess Fishlock – Casi Wyn	82
I gyfarch Jason – Llion Jones	84
Ian Rush a Chymru – Einion Evans	86
Il Buon Gigante – Jon Meirion Jones	87
Tröedigaeth – Anest Bryn	88
Ivor Allchurch – Jon Meirion Jones	90
Gorau Chwarae (iii). – Llio Maddocks	91

WEDI'R GÊM

Nofio – Elen Ifan	94
Gorau Chwarae (ii). – Llio Maddocks	95
Glöyn Byw – Gruffudd Owen	96
Newid Enw – Myrddin ap Dafydd	97
Rhodd – Meg Elis	98
Colli Ray Gravell – Emyr Lewis	99
Ar ôl Clywed am Farw Ray – Aled Gwyn	100
Ray Gravell – Tudur Dylan Jones	102
Yr Aderyn Glas – Mererid Hopwood	104
Gary Speed – Owain Rhys	105
Tro Gwael – Gwennan Evans	106
Hillsborough, 1989 – Alan Llwyd	107
Hillsborough – Dafydd Rowlands	108
Heysel – Emyr Lewis	110
Llond Lle – Ifor ap Glyn	111
Nid Leidis La-di-da Ydan Ni – Beth Celyn	112
Cywiro – Gareth Williams	114
Ayrton Senna – John Glyn Jones	115
Mae Gêm yn Fwy na Gêm – Dafydd Rowlands	116

CYDNABYDDIAETHAU 119

CYN Y GÊM

RHAGAIR

Ro'n i wrthi'n pacio fy magiau ar gyfer Cwpan y Byd Qatar 2022 pan ges i alwad ffôn gan Aneirin Karadog yn gofyn a fyddai diddordeb gen i mewn gweithio ar y cyd â Barddas i gyhoeddi blodeugerdd o gerddi am chwaraeon. Wna i gyfaddef, gyda'r rhan o fwyaf o gynnwys fy wardrob wedi'i wasgaru ar hyd llawr fy stafell wely, ro'n i'n canolbwyntio'n fwy ar ba stiletos, nid sonedau, i'w dewis yn ystod ein sgwrs y bore hwnnw (doedd dim angen y pedwerydd pâr yn y diwedd). Ond blwyddyn yn ddiweddarach dyma, heb os, un o'r prosiectau mwyaf gwerth chweil i mi fod yn rhan ohono. Digwydd bod, teitl fy nhraethawd hir ym Mhrifysgol Bangor yn 2017 oedd 'Pêl-droed a Barddoniaeth Gymraeg Fodern' ac mae'r gwaith hwnnw wedi bod yn sail werthfawr ar gyfer y gyfrol hon.

Nid bwriad *Mae Gêm yn Fwy na Gêm* oedd dewis y cerddi gorau erioed am chwaraeon, ond yn hytrach, dewis a dethol cerddi sydd yn adlewyrchu teimladau ac emosiynau pob cefnogwr, a cherddi sydd hefyd yn bortreadau o'r Gymru fodern. Mae ein llenyddiaeth, heb os, yn adlewyrchiad o'n cymdeithas a'n bywydau – yn debyg iawn i fyd y campau. Roedd amrywiaeth hefyd yn bwysig i mi wrth bendroni dros ba gerddi i'w cynnwys yn y gyfrol er mwyn dathlu'r ystod eang o gampau sydd gyda ni yng Nghymru ar bob lefel, o athletwyr elît i glybiau llawr gwlad.

'Amrywiaeth' hefyd yw un o'r geiriau gorau i ddisgrifio fy ngwaith fel gohebydd a chyflwynydd gyda *Sgorio*, siŵr o fod. Un diwrnod mi alla i fod yn sefyll yn y gwynt a'r glaw yn ffilmio eitem ym Mhontardawe neu Ben-y-bont, a'r bore wedyn mae'r pasbort yn y bag a dwi'n barod i fynd i gyfweld ag Ethan Ampadu yn yr Eidal neud Luka Modrić yng Nghroatia (wna i adael i chi benderfynu pa ddiwrnodau sydd fwyaf *glamorous*). Ac er bod y rhan fwyaf ohonoch yn fy nabod fel person pêl-droed, mae 'na gerddi sy'n dathlu pob math o gampau gwahanol wedi'u cynnwys yn y gyfrol, o nofio gwyllt i golff.

Dyma faes sydd hefyd yn werthfawr tu hwnt o ran cadw ein traddodiadau barddol yn fyw. Mae'r cysyniad o ganu mawl i arwyr ein gwlad, er enghraifft, wedi bod yn draddodiad mewn barddoniaeth Gymraeg ers cyfnod y Cynfeirdd ac mae'n thema sydd wedi esblygu i fod yn brif *genre* mewn barddoniaeth gyfoes am fyd y campau. O Ray Gravell i Geraint Thomas i Gareth Bale, mae Cymry'n hoff iawn o gyfleu eu cenedlaetholdeb trwy eu harwyr.

Serch hynny, er bod hen draddodiadau yn rhan annatod o'r byd llenyddol, roedd cynnwys gwaith gan lenorion ifanc sydd yn aml yn troi at y cyfryngau cymdeithasol i gyhoeddi eu gwaith yn flaenoriaeth enfawr i mi. O benillion chwareus Llio Maddocks i ryddiaith farddonol Sioned Erin Hughes, mae'r sgìl o briodi barddoniaeth gyda chyfryngau'r byd modern yn rhywbeth i'w ganmol. Dyma sgìl sydd hefyd yn pwysleisio rhywbeth rwy'n angerddol iawn amdano, sef bod llenyddiaeth, fel chwaraeon, yn rhywbeth a ddylai fod yn hygyrch i bawb. Yn union fel y dylai pawb deimlo bod yna groeso iddyn nhw mewn stadiwm bêl-droed neu rygbi, dylai pawb deimlo bod yna groeso iddyn nhw fwynhau barddoniaeth.

Mae'r gyfrol hon, heb os, yn ddathliad o fyd y campau yng Nghymru ond rhaid i mi dynnu eich sylw at y diffyg cerddi am fenywod. Gallwn yn hawdd iawn fod wedi llenwi'r flodeugerdd hon gyda cherddi am Gareth Bale, Joe Allen ac Aaron Ramsey, ond roedd y ffaith na lwyddais i ddod o hyd i unrhyw gerddi am Jess Fishlock, Sophie Ingle, Helen Ward ac ati wedi fy nigalonni'n llwyr. Ychydig iawn o gerddi gan fenywod am fenywod ym myd y campau yng Nghymru ddaeth i'r amlwg wrth gasglu'r cerddi at ei gilydd.

Fel gohebydd a chyflwynydd pêl-droed benywaidd, rydw i fel arfer yn gallu cyfri ar un llaw faint o fenywod eraill sy'n gweithio ar yr un gêm â mi, ac rydw i hyd yn oed wedi dechrau'r arferiad o gyfri faint o fenywod sydd yn ardal y wasg yn ystod gemau rhyngwladol. Ac er bod cydraddoldeb ar, ac oddi ar, y maes chwarae wedi gwella cryn dipyn dros y blynyddoedd (gyda *Sgorio* ac S4C yn aml yn arwain y ffordd yma yng Nghymru), mae 'na lawer o waith o'n blaenau ni, gan gynnwys sicrhau cynrychiolaeth deg o fewn ein llenyddiaeth yma yng Nghymru hefyd. Mae straeon a llwyddiannau merched a menywod anhygoel yn haeddu cael eu hadrodd.

Yn sgil hyn aethom ati i gomisiynu pedwar bardd benywaidd i ymateb i'r her, sef Buddug Roberts, Caryl Bryn, Casi Wyn a Nia Morais. O Feirdd Plant Cymru, Beirdd y Mis BBC Radio Cymru i gyn-enillydd categori barddoniaeth Llyfr y Flwyddyn – dyma bedair dalentog yn rhoi llais i fenywod y byd chwaraeon, o dîm gohebu *Sgorio* a Jess Fishlock i chwaraewyr *roller derby* y Tiger Bay Brawlers. Rydw i *mor* browd o allu rhannu'r cerddi newydd hyn yn y gyfrol hon ac yn hynod o ddiolchgar i'r pedair am gyfansoddi'r cerddi, gan obeithio y bydd hyn yn ysbrydoli mwy o feirdd i gyfansoddi cerddi sy'n dathlu menywod ym myd y campau.

Rhaid yw diolch yn arbennig i Caryl Bryn am ysgrifennu'r gerdd 'Sgorio' ar gyfer y gyfrol. Wnes i dreulio tair blynedd gyda Caryl yn ystod ein cyfnod ym Mhrifysgol Bangor, a phob bore dydd Sul ro'n i'n arfer gadael Neuadd JMJ ben bore i fynd i wneud diwrnod o brofiad gwaith gyda *Sgorio* yng Nghibyn, Caernarfon. Ar ôl cyfnod o wneud te a choffi i Dylan Ebenezer a'r criw tra o'n i'n fyfyrwraig dwi'n teimlo mor lwcus bod Ebzy a'r criw i gyd yn gyd-weithwyr, yn ogystal â ffrindiau annwyl i mi erbyn hyn. 'Sŵn dy *high heels* di'n mynd i'r gwaith am 7 y bore ydy cloc larwm fy *hangover* i,' rydw i'n cofio Caryl yn ei ddweud un bore. Diolch o galon i ti, Caryl, am ysgrifennu cerdd mor hyfryd sy'n talu teyrnged i fy nghyd-weithwyr arbennig – a sori eto am sŵn yr *high heels* am 7 y bore.

Hoffwn hefyd ddiolch i Beth a chriw Barddas am yr holl gyngor a chefnogaeth yn ystod y broses hon. Roedd *pep talks* Beth yn enwedig yn amhrisiadwy ar adegau pan oedd fy lefelau straen yn uchel a'm hunanhyder yn isel yn ystod yr hynt a'r helynt o deithio dros Gymru ac Ewrop yn gohebu ar y gemau. Heb anghofio chwaith am Regan Gilflin o Regan Creates am ddylunio'r gwaith celf ar gyfer y gyfrol. Mae ei gwaith egnïol a ffres yn adlewyrchu naws y gyfrol, a byd y campau erbyn heddiw, yn berffaith.

Hoffwn orffen trwy dalu teyrnged i fy nhad-cu, y diweddar Brifardd ac Archdderwydd Dafydd Rowlands. Ei gerdd anghyhoeddedig, 'Mae Gêm yn Fwy na Gêm', sydd wedi ysbrydoli teitl y gyfrol hon, ac mae'n bleser ac yn fraint enfawr cael cyhoeddi'r gerdd am y tro cyntaf fel rhan o'r flodeugerdd. Roedd gan Dad-cu berthynas arbennig gyda chwaraeon – criced yn bennaf. Er na chafodd ei ddoniau barddoni eu trosglwyddo i mi mae'r cariad oedd ganddo tuag at chwaraeon, a'i ddawn i ddefnyddio byd y campau i adrodd stori, yn rhywbeth sy'n fy ysbrydoli bob dydd. Er, gwell i mi beidio sôn am yr adeg y gwnaeth Mam-gu werthu'r delyn er mwyn gallu prynu tocynnau tymor i'r Swans i Dad-cu, Dad, Trystan ac Euros, a'n bod ni, sawl blwyddyn wedi hynny, wedi dwyn yr un seti cyn iddyn nhw fwrw'r Vetch i lawr a'u bod nhw nawr ar dop y stâr yn nhŷ Dad.

Heb fod yn rhy ystrydebol, mae byd y campau yn gymaint mwy na'r hyn sy'n digwydd ar y maes chwarae yn unig. Mae'r gêm yn plethu i mewn i fywydau pob un ohonom. Mae'r gêm yn medru torri calonnau a chysuro calonnau. Mae'r gêm, ar bob lefel, yn ein hysbrydoli ni i wneud yn well ac i fod yn well.

Ydy, mae gêm yn fwy na gêm.

HANNER CYNTAF

GÊM

Tudalen wag yw'r cae rygbi;
y chwaraewyr yw'r geiriau sydd arni,
   yn plethu drwy'i gilydd
   yn gywrain a chelfydd
i ddweud rhywbeth newydd: AMDANI!

GWYNETH GLYN

CRYNODEB BACHOG O REOLAU CRICED

Mae gen ti hawl i dwyllo'n deg,
Doctora'r bêl a'r wiced,
Cei regi hefyd lond dy geg,
Ond paid â'i alw'n griced.

IDRIS REYNOLDS

CROESO I'R LIBERTY

Mae un gêm yn twymo'n gwaed,
Un her yn twymo'r oerwaed;
Ai Barnsley? Derby? Nid un
O'r rhain a fedr ennyn
Y tân yn nwfn ein canu,
Y tân llydan trwy ein llu.

Â'u cred wag daw tîm Caerdydd
A'u dynion gwan eu deunydd!
Pa hwyl ydyw lympio'u pêl
Yn hir, hir, tua'r gorwel?
Ni, hil ledrith y glewdroed,
Hil o dras y sêr pêl-droed.

Rodon ein harwr ydyw,
A Dyer bach ar dro byw;
Mae cynnwrf yng ngham Connor
Ar y maes fel tonnau'r môr,
A'n llew yw Ayew'r awen,
Rhwyda'n bert â'i droed neu'i ben!

Uwch ac uwch hen Alarch gwyn
Na stŵr y Glas Aderyn;
Ododdin y brifddinas,
Er eich medd, a fentrwch mas
Yn ddi-ofn, a feiddiwch ddod
I'r hen bair? Ry'n ni'n barod!

ROBAT POWELL

WRECSAM, TACHWEDD 1978

Fel gwaed mewn gwythiennau,
llifa'r dylif denim yn y strydoedd unffurf,
yng nghorpesylau gwyn a choch
y sgarffiau clwm a'r hetiau gwlân
i galon y dref.

Mewn dylif brwd
arllwysant,
o'r Cefn ac Acre-fair,
o Ben-y-cae a'r Rhos,
o Frymbo a Brychdyn a Gresford a Llay
i ysgyfaint y Cae Ras.

Yma, ar nos Fercher ddiferched
a Sadwrn y syndod sydyn,
mae gwaed ac anadl y parthau hyn
yn curo ac yn crynu
yng ngrym dwyawr y corff torfol,
ac egni'r unllais croch
yn gyrru'r bêl fel ystyr
i rwyd y deall.

Ac wedi'r gêm,
y troi i'r nos;
fel gwaed mewn gwythiennau,
llifa'r dylif denim yn y strydoedd unffurf
o galon y dref,
o ysgyfaint y Cae Ras
i bellafion y fro.

Ac wedi nerth y perthyn,
Wrexham Rule. O.K.?

BRYAN MARTIN DAVIES

NOFIO

Wedi ychydig betruso
dwi'n gadael i'r
llanw fy llyncu.

Mae'r ias oer yn dringo
fy asgwrn cefn, fy 'sgwyddau,
nes bod fy nghyhyrau'n gwasgu'n dynn,
wedi fferru.

Dan y don yr af fel pysgodyn,
fy nghwmpawd wedi suddo,
a 'mhlentyndod yn rhewi yn fy mhen
wrth i'r graean hallt
greu fy nghroen o'r newydd.

Gofod newydd,
corff newydd,
a ffrwd yn fy ngwythiennau
yn barod am yfory.

MANON AWST

TÎM RYGBI MERCHED CYMRY CAERDYDD

Nid chwys a weli
ond gwlith yr hydref,
nid rheg yw'r dôn
ond alaw gref.
Nid tacl oedd honna
ond cwtsh neu goflaid,
nid baeddu a wnaeth
ond ymdrochi'n y llaid.

Nid felly y bydd,
fe wyddom yn iawn.
Bydd y merched yn ffyrnig,
yn gythreuliaid y pnawn.
Bydd y chwys yn ddrewllyd
a'r iaith yn goch.
Y taclo'n fudr,
yn y mwd fel moch.

Ond gydag urddas bydd rhain
yn rhoi hel i'r gelyn,
gan ddangos i'n gwlad
sut mae chwarae fel un.

ANNI LLŶN

BREAD OF 'EAVEN

Bûm mewn cadeirlan ddoe,
a miloedd o addolwyr
sgarffiog, coch; corau unsain,
pleidiol i'w gwlad.

A 'Wales! Wales!' yn gytgan.

Llond awyr o weddïau parod,
llond *Western Mail*, a'i atodiad, o brafado,
a doethineb Brains
yn llefaru mewn tafodau.

O'i bulpud, a neb yn ei glywed,
daw acenion Bill McLaren
i roi synnwyr i'r synau,
a throi'r patrymau'n eiriau hanes.

Offeiriadon y gêm
a'u gwisg liw gwaed y tymor,
ar allor werdd, yn stemio.
Yr afrlladen o bêl yn sgimio
rhwng dwylo'r addoliad,
ac ambell gic yn oedi'n hir
uwch y sgarffiau cegrwth
cyn troi'n orfoledd triphwynt
rhwng pyst traws-sylweddiad!

Awn ymaith mewn tangnefedd,
a phiso Brains yn wlyb
dan ein sodlau.

DAFYDD JOHN PRITCHARD

STADIWM Y MILENIWM

Lle mae Taf yn arafu – tua'r Bae
    Mae tir balch y Cymry,
  A hen faes gorchestion fu
  Yn farus am yfory.

EMYR LEWIS

Y GÊM FAWR

Fe ddaeth 'rhen syrcas wirion dros y tir
a chyfle i ymgolli yn y myth,
ac waeth beth ddaw, cawn eto cyn bo hir
berfformio'r un hen basiant, eto fyth.
Fe godwn beint a chodi lleisiau cras
i ddweud ein dweud heb orfod trin y bêl
a gwylio gwŷr yn chwalu llawer gwas
a'u dysgu nad yw'r bywyd hwn yn fêl.
Ond gwn bod awydd gwirion ynof fi
i herio holl gadernid gwlad y Sais,
cael hyrddio'n hyll i donnau gwyn y lli
a chwalu 'nghorff yn siwrwd er mwyn cais.
Mae'n beryg bod ni'n rhwym, er gwell, er gwaeth,
i'r reddf a yrrodd drichant i Gatraeth.

GRUFFUDD OWEN

GORAU CHWARAE (i).

Mae Ani 'di ennill yn barod,
a Dafydd sydd yma o hyd.

Does 'na'm geiriau ar ôl i esbonio
'mod i'n teimlo ar ben y byd.

LLIO MADDOCKS

EWRO 2016

Ger y lan mae dagrau loes,
yno, gobeithion einioes
a foddwyd, a breuddwydion
dynion da aeth dan y don.

Yn y cof, sŵn drysau'n cau
yw tristwch taro trawstiau
a llaw ffawd yn dryllio ffydd
ar gaeau'r siom dragywydd.

Hen hanes nawr yw hynny,
o hafau hesb Cymru fu,
cyniwair mae cân newydd
a'r haf hwn yw Cymru Fydd.

Yn y Rhyl, Rhosneigr, Rhos,
Garnant, Bagillt a Gurnos,
Bedwas, Bala, Llanboidy,
mae Cymru'n un ynom ni.

Ag Ewrop ar y gorwel,
da yw byd ym myd y bêl,
ciliwch o dir tor calon
yn un dorf a hwylio'r don.

LLION JONES

CLWB PÊL-DROED CAERDYDD (YR ADAR GLEISION)

yn cael eu dyrchafu i'r Uwch-gynghrair, tra bod Clwb Pêl-droed Abertawe (yr Elyrch) ar fin disgyn oddi yno i'r Bencampwriaeth.

Gwyn eu byd yr adar gleision,
Hwy gânt fynd i'r fan a fynnon;
Ar ôl cyfnod dros y gorwel
Hedant eto'n chwim ac uchel.

Testun ein hedmygedd ydynt;
Llachar las, a choch odanynt,
Balch eu cân, a balch eu trydar,
Balch eu lle ymysg yr adar.

Gwyn fu byd yr adar gwynion,
Hwy gânt fynd o'r fan a fynnon;
Mwyach maent yn nofio'n dawel
Tua'r gwyll â'u pennau'n isel.

Er ymddangos yn osgeiddig,
Bu eu coesau'n pedlo'n ffrantig;
Yn y diwedd, mae y cerrynt
Wrth y lan yn ormod iddynt.

Ond 'mhen dim, ar ôl cymhennu,
Dônt yn ôl â'u plu'n serennu;
Gwyn ein byd yn gwylio wedyn
Mewn un man y ddau aderyn.

RHYS DAFIS

GWISG
Ewros 2016

Mi dynna' i'r crys amdanaf, yna mynd
    Draw am iard bois mwyaf
  Ein hysgol, a phan wisgaf
  Y lifrai hwn, ni lwfrhaf.

EMYR DAVIES

#TDF2018

Y ddraig ar 'sgwyddau'r hogyn
a'i orfoledd hirfelyn
yw'r ddelwedd ar ddiwedd hyn.

LLION JONES

RHYFELGRI I WARREN GATLAND

Darllenwyd mewn stomp ym Mhentyrch y noson cyn buddugoliaeth Cymru o 26-19 dros Loegr, 2 Chwefror 2008.

Daeth Chwefror, ac yfory – draw yr ewch
    i'r drin yn gyd-Gymry,
  draw i faes hen frwydrau fu,
  i'r maes i ysgarmesu.

Aeth sawl sgôr, aeth tymhorau – ers inni
    roi gwers iawn i'r taclau,
  a rhoi gêm ni wnaed ar gae
  i'r Saeson balch ers oesau.

Ond mi gewch, yn dîm o gochion – fory
    fynd yn fur o ddewrion
  i'r gad dros yr henwlad hon,
  ar lain ein gwir elynion.

Ewch, curwch eu haceri – yna'n dîm,
    rhowch dân yn y rygbi,
  yn Nhwicnym, yn nhre'r Cocni,
  rhowch hel ar eich ymgyrch chi!

Ewch i Loeger i herio,
i dir Toffs i godi'r to,
i wlad ysgolion bonedd
i hel ofn drwy chwifio'r cledd,
a rhoi'r Swing Lows a'r rhosod
lan fyny'r fan lle maent fod!

Ewch fel garsiwn i'r twnnel – yn barod
  i'w bwrw a'u dymchwel,
 a chi, bac, pan gewch y bêl,
 dreifiwch fel catrawd ryfel.

Dros Lyndŵr, codwch dwrw – a dros Grav,
  dros ei grys a'i enw,
 ymyrrwch mewn gêm arw,
 a rhowch ddychryn iddyn nhw.

Er mai ffôl yw proffwydoliaeth – a ffôl
  temptio ffawd arwriaeth,
 dyddiau'n concro heibio aeth:
 galwn am fuddugoliaeth!

RHYS IORWERTH

AIL I GLWB PÊL-DROED LERPWL
I Mrs Jackson – YNWA

Paid holi be dwi'n neud, dwi'n gwylio Sky,
Ma' *kick off* Lerpwl-Everton am ddau.

Ti eisie mynd i siopa? Dwi'm yn rhydd.
Mae'r *transfer window* bwysig 'mlaen drwy'r dydd.

Gwagio'r bins a golchi'r llestri? Be?
Dwi'n gwylio DVD gôls llynedd, 'cê?

Dwi isie galw'r *budgie* yn Dalglish,
Ocê, wel be am Rush 'te? Nage? *Sheesh*!

Os wyt ti'n ail i Lerpwl, cofia hyn –
Roedd Paisley'n ail i Shankly, 'nghariad gwyn.

HYWEL GRIFFITHS

DRINGWR

Mae llechwedd i'w fodfeddu
Efo rhaff, rhyw gopa fry
I wahodd y mynyddwr,
Rhyw gribell i gymell gŵr,
A hen gamp nad â o go'
Ydyw'r angen i'w dringo.

Yn y gwaed mae'r creigiau hyn,
Y graig a yrra'r hogyn
Ynom oll i'r lle y mae,
I hongian uwchben angau
Yn gyhyrog o wirion
Ar y silff anturus hon.

IDRIS REYNOLDS

LLWYBRAU

Dringo
heibio i gopaon
tipiau Pwll Tarenni
sydd bellach ond yn graith
ar goll mewn chwyn
a dyf yn siwt o frethyn gwyrdd
i harddu brest y Darren.
Mae'r gwynt yn dal i chwythu llwch
drwy'r llwyni llwyd
a dwst y glo yn dal
yn dywydd yn y pridd.

Uwchben labrinthau fil
â'u gwythiennau o ddiemwnt du
lle mae'r mynydd yn ormes
a'r graig yn ochneidio
yn y gwasgfeuon didostur,
dilyn plygion y llethrau
rhwng y rhedyn a'r defaid,
a chyrraedd y copa.

Pen draw holl lwybrau'r mynydd:
dyma'r man
y dringai'r glöwr iddo
ar ei ddiwrnod rhydd
wedi wythnos o ymlwybro
dan y ddaear
ac ymlafnio wrth y ffas.

Ac ar dywydd clir,
gweld heibio i Bontardawe a Threbanos,
Ynys Meudwy a Threforys
hyd at y stribyn Bae
lle mae'r haul yn llathru'r dŵr
yn y pellter glas.

ANN DAFIS KEANE

WIMBLEDON

Rwyf yma yn gwylio'n llonydd – y bêl
    O'r naill ben i'w gilydd,
  A thra bwyf ar ei thrywydd
  Mae 'na risg daw 'mhen i'n rhydd.

TÎM TALWRN CAERNARFON

CHWARAEWR TENIS

Er malu'r raced denau,
A herio gyda Hawk-Eye,
Daeth gwaedd o *'Game, Set, Match'* i lawr
Wrth Umpire mawr yr oesau.

HYWEL GRIFFITHS

Y NAID BYNJI

Nid ar drothwy cymryd rhan
mewn naid bynji
yw'r adeg ddelfrydol i ffraeo
â'ch anwyliaid:
amhosib deud 'sori'
petai'r lastig yn torri.

JANICE JONES

GOLFF

Pan fyddo bywyd ar f'ysgwyddau'n faich
A'm dwrn yn cau yn erbyn tynged dyn,
Mi af i'r bryn i 'stwytho troed a braich,
Gan erlid y bêl wen o'r ti i'r grin;
Gan sigl y clwb y bitw fach a lam
I'r awyr fry ymhell, fel ergyd gwn,
Ac wedi llawer cnoc ac ergyd cam
Ei dodi'n gynnil yn y tyllau crwn:
Bydd gosod 'sgidiau hoelion ar y gwyrdd
Yn deffro'r hen gymundeb gynt â'r pridd,
Iechyd y corff yn canu hyd y ffyrdd,
Rhialtwch meysydd a ffraethineb ffridd;
Ac yn yr hwyrnos, wedi blino'n lân,
Daw bywyd ataf gyda dryll o gân.

GWENALLT

CHWARAE PÊL-DROED EFO'R MASAI

Un bêl
a dau dîm
yn dynn fel dau ddwrn.
Y nhw.
Eu hiaith yn droednoeth
a'u hacen yn garpiau lliwgar
i'n clustiau ni.

A ninnau
a blwyddyn o'u cyflog nhw ar ein traed
a'n hiaith yn lifrai unffurf.

A minnau
heb air o bêl-droed
ar dafod fy esgid
yn gwrando
yn fud
ar y sgwrs.

O'r chwiban
mae'r sibrwd yn amddiffynnol
cyn codi cwestiwn ar yr asgell
a mentro
rhoi'r bêl ar blât iddyn nhw.

Hwythau'n sibrwd
cyn ymosod
â rhediad rhwydd
cyn wynebu tacl
y ddadl annisgwyl
a'r geiriau'n gwlwm
o gymalau lliwgar.
Bloedd
a chic rydd.
Ffugio jôc
a phenio syniad arall 'nôl a blaen.

Gôl
a gwên
a'r chwarae'n rhugl.

Un bêl
a dau dîm
fel bysedd dwy law
yn plethu drwy'i gilydd.

A minnau'n fud.

R. ARWEL JONES

LLAW MORGAN

*ar achlysur arbennig pan oedd Morgan yn fasgot
i dîm pêl-droed Cymru.*

Heddiw mae dy law
yn dynn yn nwrn
Ethan Ampadu.

Daliais yr un llaw yn fy llaw,
sychu baw
o dan ewinedd,
dy lusgo drwy'r glaw.

Anwylo dy fysedd main,
dy arwain
o'r drain,
dy ddysgu i chwifio ar y brain.

A nawr
mewn twrw,
mewn tarth tîm
mae dy law
ar draws dy grys
a'r anthem yn llifo'n chwys
o dan bob bys.

MARI GEORGE

DISGWYL ENFYS

I dîm pêl-droed merched Cymru.

Ar ddiwrnod caleidosgop o liw fel hwn
lle mae'r awyr yn las,
y glaswellt yn wyrdd,
a'r crysau'n goch ar gefn pob menyw werth ei halen,
mi welwn enfys yn codi o fan y tu hwnt i'n gobeithion
ac mi daflith siâp bwa'n berffaith at y nod,
fel rhwydo pêl yn giwt i gôl,
yn wyrthiol.

Heddiw, mi wyliwn ninnau'n gegrwth
nes credu'n llwyr, fel un wraig,
yng ngallu'r cawresi hyn i chwalu'r graig
a churo'u gwrthwynebwyr,
eu sgubo o'r neilltu'n slic,
bron fel tric,
mewn storm o fellt byw a fflach-ddawnsio,
cliciau troed fflash a gwyllt-wibio
nes cipio cwpan yn drysor gwerth ei gael
i sŵn curo dwylo fel cawod o law
rhywle o du draw i'r enfys.

ELINOR WYN REYNOLDS

Dyma ddwy gerdd ar gyfer Rownd Derfynol Cynghrair y Pencampwyr UEFA a gynhaliwyd yn Stadiwm Genedlaethol Cymru, Caerdydd, 3 Mehefin 2017.

CAERDYDD 3.6.17

    Sarete sempre
    i nostri fratelli e sorelle europei
Siaradwn â'n gilydd
mewn lliwiau gwahanol,
a rhwng banllefau'r soseri,
cymeradwyaeth cwpanau
a hisian stêm llond stadiwm,
mae ein dinas
fel caffi cyfandir cyfan.
A'n lleisiau fel tyllau haul
mewn coedwig dywyll...
    Siempre seréis
    nuestros hermanos y hermanas europeos
mae'n croeso ni yma, yn aros 'run fath.

REAL v JUVE 3.6.17

Tydi'r *bienvenido* ddim yn newid yma;
rhannwn yr un cyfenwau;
Esteban, Zamora;
mor Gymreig â Dowlais, neu Abercraf.

A'r un fu'r *benvenuti*
i'r Bracchi, Sidoli, Calzaghe;
nhw sodrodd eu *tricolore*
yng nghalon ein baner ni.

A chan y rhannwn gymaint
o hanes, doed a ddêl,
mi rannwn ein harwyr hefyd –
John Charles a Gareth Bale!

IFOR AP GLYN

CWPAN Y BYD

Hei, hogia. 'Dan ni'n agos!
Hon, er eured yr Ewros,
ydi'r awr wedi'r aros.

> Yr awr i dîm arwrol
> gamu'n y man i ganol
> y llwyfan mawr nawr yn ôl.

Y llwyfan fydd yn tanio
cenedl. I wneud marc, yno
ar antur awn: hwn yw'n tro.

> Ein tro i gario ar gae,
> dros dir, wedi'r degawdau,
> faner gwŷr y bur hoff bau.

Nesáu, fel y ddraig, mae sŵn
gwych y Wal. Torf goch 'welwn
efo gwên. Ac fe ganwn!

> Mae'n gân sydd o'n mewn i gyd
> am mai hon, hon yw'r ennyd
> pan awn, bois, i Gwpan Byd.

RHYS IORWERTH

HANNER AMSER

SGORIO

O gic i gic 'di pob gêm, i mi
ond pêl gron rhwng dega' o draed

er y canu a'r gweiddi sy'n tanio gwaed
yr hogia'
a'u hannog o hyd ac o hyd –
i mi, dydi'r gêm yn ddim byd
ond darn o blastig yn erlid gwynt

a'r un hen gêm a welwyd gynt, droeon
fydd y gêm yma, eto fyth...

... ond wrth godi o'r soffa i estyn am y remôt...

... daw côr o leisia' o rywla i guro'r seilia' a chodi'r to
a fy sodro i ar y soffa yn ôl
a'n sydyn...

Ma' Nicky John â'i chalon yn y gêm,
a Nic Parry yn adrodd hanes y bêl
ac OTJ yn gwbod yn iawn yn union be 'di be.

Ma' angerdd Sioned Dafydd yn hawlio fy sylw
a chyffro Gwennan Harries yn felyn fel cwrw.
Mae Dylan Ebenezer 'di cipio 'nychymyg
a Malcolm Allen yn gneud i mi chwerthin.

Ac mae pob un, y tîm, yn eu tro
fel 'taen nhw'n nabod y bêl ers cyn co' –
yn rhoi iaith i'r gêm a'i gwylwyr

a thrwy'u gallu, eu hiaith a'u tân
y bêl gron, bob tro, sydd biau'r gân
a thrwy eu jôcs, eu hangerdd a'u gwên

mae'r di-glem, fel fi,
yn deall y gêm.

CARYL BRYN

LIMRIG DIENW

Mae sgwrsio â'r cariad bob noson
Fel siarad â'r wal 'ma yn union;
   Dwi'n sicr y cawn
   Ei sylw o'n llawn
Pe bawn i'n sylwebydd chwaraeon.

GWENNO DAVIES

#TIMMENYWODCYMRU

O'u hôl bydd gwaddol ar gae,
chwiorydd yn cydchwarae.

LLION JONES

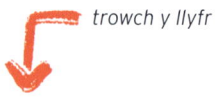 *trowch y llyfr*

SPIRIT OF THE BLUES

48/365

Mae o'n dweud wrtha i am y profiad cynta' o fynd i'r stadiwm. Nabod neb, ond pawb fel un gŵr – y glas yn dir cyffredin rhyngddynt, a 'Spirit of the Blues' yn briodas ar weflau bob un. Mae o'n ei chanu hi wrth imi sgwennu hyn rŵan, yn mynd i hwyl wrth i'r gytgan nesu.

Ac er ei fod yn dweud ei hun ei bod hi'n ffin denau rhwng caru a chasáu Everton ar brydiau – er y rhegi a'r myllio a'r pwdu ar ôl colli – mi fydd o'n driw iddyn nhw tra bydd o.
O fy mlaen, mae o'n edrych yn ôl ar *Match of the Day*. Mae o'n niwsans o frolgar, ond dwi ddim yn meindio. Roedd o'n haeddu ennill un heddiw.

SIONED ERIN HUGHES

CYFFRO

Cerdd am W. R. Davies, un o wylwyr selog Clwb Pêl-droed Bangor, a ddaeth i fyw yng nghyfnod olaf ei fywyd yn fflatiau'r Gorlan uwchlaw'r cae.

Fe'i gwelid, i'w le'n y gorlan,
   drwy wynt Sadyrnau'n dod,
a'i galon fu'n carlamu
   dros laswellt Farrar Road,
a theimlo naid y floedd o'i ôl
tra'r gyddfau'n gafael yn y gôl.

Cafodd ei Gorlan arall
   a ffenest lawn ei phaen
lle gwyliai'r gêm o'i glydwch
   yn blaenach nag o'r blaen;
ond rhwystr nes na'r gwydrau bras
a gadwai'r berw i gyd tu fas.

JOHN GWILYM JONES

TITWS TAF

Bob wythnos maen nhw'n
hel at ei gilydd,
y titws hynod o Gaerdydd,
digwydda rhywbeth.

Rhwng y taclo, cicio
a sgorio gôls,
daw chwerthin gan y titws
wrth iddynt ddod at eu coed
a phrofi pob Mike, John a Dafydd
yng anghywir am bêl-droed.

Fod yna fan i ferched ar y cae,
mwy na man;
mae angen dau, tri chan mil o gaeau diderfyn
i ddal holl egni'r titws hyn.
Does dim gwadu eu hafiaith
na chryfder eu chwaeroliaeth, chwaith.

DYFAN LEWIS

"TI'N RHY DDEL I CHWARAE RYGBI": STWFF MA HOGIA 'DI DDEUD WRTHA FI VOL. 21

Llygaid du ar ôl tacl
neu linell o *eyeliner* trwm.

Gwefus goch o waedu
neu biws o lipstic plwm.

Mae'r rhain i gyd yn *girly*.
Merchetaidd yw chwarae rygbi.

LLIO MADDOCKS

LLONGYFARCHIADAU

I drefnwyr y Chwaraeon Olympaidd yn Atlanta. Cyn yr ŵyl bu 50 tancer yn chwistrellu asid dros y digartref er mwyn clirio'r strydoedd rhag llygad y byd.

Yn ffair y cymalau ffit
gwae'r hobo garw'i *habit*,
gwae'r diotwael gardotyn
yn ei fyd ynfyd ei hun
a gwae'r digartref a'r gwan
draw yng ngwlad yr ongl lydan.

Mae'r ŵyl, medd y camerâu,
yn dalent a medalau;
mae yno sŵn clapio clir
ar gaeau baner gywir
ac mae palmant Atlanta
yn llawn hwyl ac yn llawn ha'.

MYRDDIN AP DAFYDD

MAN GWYN

'*As if*' ar wyneb FIFA,
'Gwlad y gân ei hunan... ha!'
A pha iws, a honno'n ffaith
Ysgubol, gwrso gobaith,
Cael gwadd i rodfa ddrudfawr
Twrnament yr enwau mawr?

Ai oherwydd, ddydd a ddaw,
Cael rywdro hwylio alaw
Ar derasau drud Rwsia
Yn llawn awch i ennill? Na,
Am mai nawr y gwyddom ni
Y gallwn, gallwn golli.

EURIG SALISBURY

YMA O HYD

Yma o hyd y mae o – yn canu,
 Yn cynnau fflam eto
 Yng nghalon cochion a'u co'.
 Arwr, a'r wal yn morio.

BERYL GRIFFITHS

DAFYDD IWAN

Dwi'n ei gofio fo'n gofyn yn syn
'Paham y mae eira yn wyn?'
   I gyfeiliant tri chord
   Wrth sefyll ar ford –
Edrychwch lle mae o erbyn hyn.

GERAINT LØVGREEN

RHEOLWR TÎM

Carwyn James

I fod yn rheolwr
Ein tîm cenedlaethol
Roedd popeth o'i blaid
Ond ei blaid wleidyddol.

EIRLYS DAVIES

CHWARAEON

Mae'n gas gen i chwaraeon,
Dwi'n berson diog iawn.
Mae'n well gen i fy soffa
Drwy'r bore a'r prynhawn.

Does gen i'm awydd neidio
Na chwysu chwaith, deud gwir.
Dwi ddim yn licio rhedeg
Na nofio am rhy hir.

Be ydi pwynt pêl fasged
A golff a hoci iâ?
A gorfod chwarae rownderi
Bob dydd o'r gwyliau ha'?

A pheidiwch sôn am rygbi
A'r holl rowlio yn y baw.
'Sa'n well gen i gorila
Yn swsian cefn fy llaw.

O rhaid, rhaid imi newid,
Mae'n bwysig bod yn iach,
Ond os bydd rhaid ymarfer:
Wel, chydig yn ara' bach.

MARI LOVGREEN

HANNER AMSER

A oes rif all fesur hyd
Yr aenoau a'r ennyd?
A oes llathen all bennu
Ehangder y dyfnder du?
A oes gof, rhyw broffes gau
Ry i funud derfynau?
Yr oriau oll yw'r awr hon,
Eiliadau heb waelodion,
Y gwagle hwnt i ddeall
Clociau'n hamser cwarter call;
Y Nawr sydd o'i haneru
O'r un faint â'r hyn a fu.

IDRIS REYNOLDS

WEMBLEY

Mae'r llwyfan mor wahanol, – yn fy nghof
    Rwyf yng nghae yr ysgol
  Yn ffeinals y gorffennol
  A dwy gôt yn bostiau gôl.

GERAINT JONES

PANINI 1978

Dwyn yn ôl ein doeau ni
wna enw gwâr Panini,
y rhain yw'r llyfrau hanes
gorau oll; ynddynt mae gwres
twrnameintiau caeau'r co'
a'r oed pan oedd pêl-droedio
yn amen ar bob munud
i un yn byw i gwpan byd.

Dymhorau'n iau, roeddwn i
yn caru'r llyfr sticeri,
hudol oedd ei hyd a'i led,
pris pecyn oedd pres poced;
yn llanc, fe dalwn â llog
i gael un o'r rhai sgleiniog,
ias o amlen byd symlach,
aur y byd mewn sticer bach.

Â sypyn mawr i'w swopio
tua'r iard yr awn bob tro,
roedd *got, haven't got* yn gân
ar gyfer y fro gyfan,
ac ym marchnad anwadal
y dwylo chwim doedd dim dal
ai digon Rainer Bonhof
yn y sêl am Dino Zoff.

Y mae'r enwau mawr yno
yng nghyfri sticeri'r co',
yn creu tîm, mae Socrates,
Tardelli, tri Ardiles,
Villa, Rossi a Fillol,
Hans Krankl, Mario Kempes, Krol;
gwelaf urddas mwstashys
a graen y pyrm Three Degrees.

Dwyn i go' i gadw'n gall
yw siarad am oes arall,
ac i'r tad sydd ger y til
yn gwenu, daw gwefr gynnil
o rannu hen gyfrinach
wrth estyn am becyn bach
sy'n dwyn ias ein doeau ni
a hen hanes Panini.

LLION JONES

MEWN CYNHADLEDD I'R WASG

Fi yw'r rheolwr, a fi yw'r olaf
bob tro i gwyno, ac ni ddisgynnaf
i gollfarnu'r reff (yr hwn nad effiaf)
na'r leinsman gwan. Er cael pedwar anaf,
am stad y pitsh ni fitshiaf. Ond y rhain
(heb ddim wylofain) oedd y bai'n bennaf.

RHYS IORWERTH

CYWIRO CAMGYMERIAD
Ewros 2016

'Wales sneak above Three Lions'
yn ôl y *Daily Mail*.
Ni sleifiom, ac am unwaith,
y ni sydd biau'r bêl.

GWENNAN EVANS

AIL
HANNER

'THIS IS NOT SOCCER!'

Mae un o'r Cwm yn nhwrw'r cae. Un gŵr:
    ceiliog gwynt y campau;
  gŵr a ddofa gyhyrau
  y maes o'i dweud fel y mae.

O ferw llafar y llwyfan a'i holl sŵn
    drwy'r gwyll seinia'i gytgan;
  gall dorri crib â'i chwiban
  neu roi cais yn glochdar cân.

Trwy orwelion chwarter eiliad y gwêl
    hebog ias y rhediad
  a mès o gyrff maes y gad
  a'i llaid ac ambell wadiad!

Pan ddaw torf a'i thymer i'w herian e
    ni chlyw un yn sgrechian;
  ei Wendraeth yw dur a thân
  ei lais dros lu a'i hisian.

Am unwaith y mae am ennill heb os!
    Dan bwysau sawl pennill
  bydd tôn lawn sôn fesul sill
  yn waedd am guro'r gweddill.

Ni fydd drwy'r gân wahaniaeth rhwng dynion,
    rhwng doniau'r ddynoliaeth
   i uno gwŷr a fu yn gaeth
   yn deulu o frawdoliaeth.

Mae un o'r Cwm yn arwr cêl drwy'r stŵr,
    un gŵr ar y gorwel;
   yn ddiduedd o dawel,
   mor wych yw'r Gymru a wêl.

ANEIRIN KARADOG

I GERAINT THOMAS

Ar ras hir i Baris est ar y beic,
 Gymro balch. Drwy'r ornest,
  credu ac anelu wnest
  yn iawn, a'i wneud yn onest.

Wedi'r reid, tyrd adre wedyn, yn d'ôl
 o'th bedalu sydyn,
  a gwn y bydd gan bob un
  groeso a mawl i'th grys melyn.

IWAN RHYS

TANNI GREY-THOMPSON

Yn hanfod ambell enaid mae rhyw ddur
Nad oes a wnelo ddim â nerth a maint –
Rhyw ddi-ildioldeb wrth wynebu'r mur
A fyn ei ddringo, a chyfri hynny'n fraint.
Nid er mwyn ennill rhyw nawddoglyd fawl
Wrth ddiystyru pob niweidiol ddeddf,
Nac am fod ei lwyddiannau iddo'n hawl,
Ond am fod yr ymdrechu ynddo'n reddf.
Megis drwy darmacadam trwch y tyr
Blodeuyn impyn ir heb fwrw'r draul,
Nid eiddo ddewis ond cryfhau pan yrr
Y grym o'i gwraidd ei wyneb tua'r haul
I ffrwytho yn ei byd a rhoi i'w had
Enynnau ei brydferthwch a'i barhad.

DIC JONES

PHIL BENNETT

Strade'n darth. Gyddfau'n carthu.
Naw i ddeg. Y pridd yn ddu.
Cael a chael. Stydiau a chwys.
Dwrn ifanc drwy hen wefus.
Y bêl mas. 'Nôl i'r maswr!
Rhewai'r dorf, a'r sêr a'r dŵr;
yn wir, pan gâi Benny'r bêl
rhewai llumanau'r awel.

Yng nglaw'r cyfnos arhosem
ryw gais munud-ola'r gêm;
ryw wyrth gan ddewin ar wib,
maswr a wnâi'r amhosib.
Trydanai fêr y teras,
a phigo bwlch â'i ffug-bàs
cyn mentro dawnsio rhwng dau
yn Houdini o denau.

Drwy'r stêm sosban o ana'l,
torrai i'r chwith at dir chwâl:
sêdist pert o seidstep oedd,
a direidi dur ydoedd.
Tua'r asgell troai ysgwydd
mewn rhyw herc cyn camu'n rhwydd
'nôl tu fewn nes gweld tu fas
lôn arall i'r lein eirias.

Yma fe welai ymyl
y môr coch rhwng muriau cul:
aroglai hwn ffordd drwy'r glaw,
cyrliai rhwng llafnau'r curlaw.
Cadnoai drac diniwed
am y lein mewn dim o led,
heb ofni neb wrth fwynhau
gwiwera heibio i'r gorau.

Gloÿnnai rhwng gelynion
i'r ddihangfa ola' hon
yn y gwyll wrth iddynt gau
awyr iach rhwng eu breichiau.
Gyda'r to, fe godai'r tarth
a ddôi heibio i Ddeheubarth
pan welem Bennett eto
yn sgori cais gorau'r co'.

CERI WYN JONES

CÂN SHANE

Caeau y wlad sy'n culhau –
lle main sydd rhwng llumanau;
mor benstiff pob amddiffyn
â lein y dacl yno'n dynn,
ond rhowch hawl i'r diawl bach da
am ennyd – a 'dio'm yna.

Mor esmwyth â'r tylwyth teg
drwy rwyd y daw ar redeg
a hanner llam, chwarter lle
yn gyflym droith yn gyfle;
enfys bert yr ystlys bell
yn llawn pelydrau'r llinell.

Hwn diclith ffordd drwy daclwyr;
y gwalch sydd o gyrraedd gwŷr:
naid neu gic, newid un gêr
a dacw faes dwy acer
a lein wen – mae'i elyn o
yn dal ei ben mewn dwylo...

Sgwarnog yr Ogi-Ogi,
cawr y trics sy'n curo tri
a'n baich sy'n her i'r bychan –
nid mawr yw'r mawr ymhob man;
dewin lled ewin o dir –
'mond olion mynd a welir.

MYRDDIN AP DAFYDD

CRICED

Heddiw yn Lord's y dechreuodd yr ail gêm brawf
rhwng y Saeson a Phacistan,
ac mae'r enwau hudolus eto'n melysu'r haf:
Salim Malik a Mushtaq, Javed a Wasim Akram,
enwau sy'n diferu oddi ar dafod fel mêl.

Criced.
A fu 'no erioed chwarae mor rhamantus ei warineb?
Nid anghofir fyth yr hen Sadyrnau hynny
a dreuliwyd yn trafod bat a phêl
yn araf a hamddenol,
nes i'r haul suddo y tu draw i'r gorwel
ar gopa Gellionnen.

Ac yn y flwyddyn Un Naw Pedwar Chwech
euthum i Lundain ar wyliau gyda Mam.
Roedd Mam yn wareiddiedig;
fe aeth â'i mab i Lord's i weld gêm brawf
rhwng Lloegr ac India.
Can dwbwl i Joe Hardstaff,
wicedi di-ri i'r Bedser ifanc,
a'r enwau hudolus yn diferu oddi ar dafod
fel mêl:
Amarnath a Mushtaq, Mankad a Merchant.

Fe gedwais y cerdyn sgorio am flynyddoedd lawer,
ond fe'i collwyd rhywle rhwng yr heuliau sy'n suddo
y tu draw i'r gorwel
ar gopa Gellionnen.

A cholli Mam.
Y fam eisteddodd yn yr haul drwy'r dydd,
yn gwylied gêm na ddeallai mohoni,
am fod hapusrwydd ei mab yn bwysig iddi.

DAFYDD ROWLANDS

 *trowch y llyfr*

TEIGROD

*Cerdd wedi'i hysbrydoli gan fy nhîm roller derby,
y Tiger Bay Brawlers.*

Anadla.
Llygaid lan.
Pengliniau 'di plygu.
Ydi hyn mor anodd?
Olwynion yn cnocio, ry'n ni'n
sgwatio ar y trac, yn gwrthod
meddwl am gwympo a'r chwys yn rholio.
Eiliadau'n ticio lawr, yn aros i'r chwiban dorri'r
tawelwch tyn. Llygaid yn cloi, y tsiaen yn goleuo,

dwylo'n dynn ar ysgwyddau, cleisiau brown a bylant am ddiwrnodau;
llais fel angor pan fo'r chwiban yn canu: yr holl fyd
fel corwynt, cwlwm o goesau a chluniau, yn chwim, yn gwthio, gludo
i'n gilydd; rownd a rownd fel allgyrch, yn tynnu gwaed, creu helics pur,
purach na swm ei rannau – dim amser i feddwl – dibynnu ar reddf – mur cnawdol
yn hela am wendid. Yna'r trawiad. Disgyn i'r llawr caled fel boncyff. Os ydi coeden
yn cwympo mewn gêm – os nad oes neb yn talu sylw – sawl olwyn sy'n pwyso ar esgyrn
cyn i'r goeden sefyll eto? Ond am eiliad ddiddiwedd ro'n ni'n drydanol. Yn creu sbarc, yn creu
bwlch mewn amser, a'r sêr yn baglu, sleifio, gwibio trwyddo. Ac eniwe, heb gwympo, pwy sy'n disgwyl hedfan?

NIA MORAIS

MEDAL

Ennill o hyd yw'n hanian; – yn y ras
　　Dyw'r ail ddim yn unman.
　　Wedi'r her beth fydd dy ran?
　　Camp yw'r aur, cwymp yw'r arian.

TÎM TALWRN PENRHOSGARNEDD

RAS Y MOELWYN 2017

I'r holl redwyr ac yn arbennig i Rhys, Catrin Glyn ac Iwan Edgar.

Ar Sadwrn hirfelyn tesog yn 'Stiniog,
fe ddaethoch i grasu'r Rhosydd,
i deimlo cadernid y graig,
i esgyn y llechweddau du,
i ymestyn tua'r awyr denau,
i naddu eich esgidiau ar lechi
a thorri distawrwydd hen y moelydd
ag ebill eich anadl.

Croesoch y llinell derfyn
a'r mynydd yn ddim ond
dafnau chwys ar dalcen
a brychni baw ar goesau.

Chi sy'n cyrraedd copaon.
Chi sy'n gweld y pell yn agos
a phethau bychain yn fawr.
A'ch camau chi
sy'n troi breuddwyd
yn weledigaeth ar gwrs eich byd.

MARGED TUDUR

GÊM

I fam y gamp, a'i chymell,
a nain pob mynnu gwell,
rhoi sgôr ar ddôr diddarfod,
bwrw 'mlaen – a tharo'r nod.

Am gario,
tanio a
chydio ym mraich y naill,
a rhedeg hyd adain gyrfa'r llall.

Am weithio,
gwthio,
cwffio,
trio.
Pasio,
breuddwydio,
brysio,
rhyng-gipio,
gwagio.

Brifo,
cyn curo –
a sgorio!

Am frwydro am do,
am dâl sy'n deg rhwng ei dwylo.
Cleisio,
cracio,
rhuo,
rhwygo.

Yn rhydd o'r ais
wrth lorio –
mae'n sgorio cais,
mae'n llwyddo.

BUDDUG ROBERTS

DISGWYLIADAU

Canllawiau cystadlu ym maes gymnasteg.

Yn dynn dy wallt – tynna,
twtia,
taclusa,
a chliria.
Yn dynnach caea
dy wisg.
Eistedda'n dwt,
disgwylia dy dro.
Sefa'n dal,
a gwylia – dydi gormod o hyder byth yn siwtio.
Dim fel'na
gei di bwyntia'.

O! A chofia –

Gwena!

BUDDUG ROBERTS

JOE ALLEN YW FY MUGAIL

Joe Allen yw fy mugail: ni bydd eisiau arnaf.
Efe a gaiff orchest ar borfeydd gwelltog:
    efe a'm tywys gerllaw'r tyrfaoedd tawel.
Efe a ddychwel fy enaid: efe a'm harwain
    ar hyd caeau cyfiawnder er mwyn ei enw.
Ie, pe rhodiwn ar hyd glyn cysgod Awstria,
    nid ofnaf niwed: canys y mae gyda mi;
    ei dacl a'i bàs a'm cysurant.
Efe a arlwya fôr coch ger fy mron yng ngŵydd
    fy ngwrthwynebwyr: irodd y bêl ag olew;
    y gôl sydd lawn.
Daioni a thrugaredd yn ddiau a'i canlyna
    holl ddyddiau ei fywyd: a phreswylia
    yn nhŷ Chris Coleman yn dragywydd.

ANEIRIN KARADOG

GARETH BALE AR ACHLYSUR EI GANFED CAP

Pan oedd siom ynom o hyd
a wylofain yn glefyd
a'r gwae yn drwm ar gaeau
digysur y bur hoff bau,
roedd creithiau'r cof yn gofyn
be' wnaeth Cymru i haeddu hyn?

A hithau'n nos, daethost ti,
Gareth, ar gyrch rhagori,
i herio mewn gêr arall,
i wibio heibio'n ddi-ball,
yn dy draed roedd hyder un
a alwai gwlad i'th ddilyn.

Ein draig, ein mab darogan,
ein gôl hwyr i gyrraedd glan,
hyd lwybrau dy gapiau i gyd
fe rannaist wefr yr ennyd
a'r daith o Graz i Gaerdydd
sy'n llawn o sŵn llawenydd.

Un GB sydd ar y bêl,
un union, siŵr ei annel,
un uwcharwr a'i chwarae
i ni'n gefn ar bob rhyw gae;
yn wylaidd heno holwn
be' wnaeth Cymru i haeddu hwn?

LLION JONES

JESS FISHLOCK

Can cap,
can cic,
can camp,
can tric.

Can bloedd,
can naid,
can cer,
can paid.

Can her,
can siom –

pêl wiw,
pêl drom.

Cwymp merch
yw ei bod,
nid felly
Fishlock.

Erwau hyder
yw ei chlod,
i blant bach
Cymru,

Jess yw'r nod.

CASI WYN

I GYFARCH JASON

Casnewydd 2004 – 'pybyr a diwyro yw ei gefnogaeth i dîm Arsenal'

I'r llu yn Highbury llên,
ti yw Henri yr awen,
yn troelli dy gerddi i'r gôl
â dewiniaeth syfrdanol.

Â dawn i hollti ennyd
wyt Bergkamp, yn gamp i gyd,
yn gweld agoriad mewn gair
a'i weithio'n ddilyffethair.

O gerdd i gerdd y mae gwedd
Vieira a'i gyfaredd
ar un sy'n consurio o'i ôl
egni oes yn gân iasol.

Pirès y gweledydd prin
â gwefr Cygan o gyfrin,
Reyes y grefft gymesur
ac osgo Gilberto o bur.

Un â haearn cadarn Cole
yw Touré'n ddawn naturiol,
Edu o dalent ydwyt,
Wenger iau i Fangor wyt.

I'r llu yn Highbury llên
rwyt ti, Henri yr awen
ddiguro, yn teithio i'r top,
aros mae coron Ewrop.

LLION JONES

IAN RUSH A CHYMRU

I gywrain draed y gwron – ym mri'r gêm
    mae'r gôl mewn tir estron.
  Ond gôl sy'n hudo'i galon
  o'r wlad dwym ydyw'r wlad hon.

Dos yn ôl, yn ôl i Walia – yn awr,
    neu hiraeth a'i lloria.
  Yn y dwys ddwfn nid oes dda
  i alarwr mewn lira.

EINION EVANS

IL BUON GIGANTE

Wedi cyfarfod â John Charles yng Nghlwb Pêl-droed
Aberystwyth ar Dachwedd 27, 2000

Y wefr oedd ailbrofi rhin – hen hafau,
    A difyr i'r werin
  Heno oedd blasu hen win
  A'i rannu gyda'r brenin.

JON MEIRION JONES

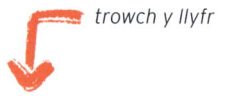 *trowch y llyfr*

TRÖEDIGAETH

Newyddion da a ddaeth i'm rhan fod Gatland wrth y llyw,
ac ynddo rhoddais fy holl ffydd fel 'tai'n rhyw fath o Dduw.

Fy ffiol oedd yn orlawn cyn gemau y Chwe Gwlad,
ond gwagio wnaeth yn fuan iawn a mi mewn diawl o stad.

San Padraig ac Andreas a chwarddodd ar ein penna',
buasai'n well petai San Siôr a'i griw 'di aros adra!

Yn Stadio Olimpico, llygedyn bach o obaith,
ond *déjà vu* yn Stade de France a'r grasfa oedd yn artaith.

Y golau bylodd, aeth yn ddim ym mhen draw'r twnnel hwn,
ond yna daeth yr alwad fawr gan bêl sy'n hollol grwn.

Troi cornel, troi tudalen lân a phethau'n dod yn gliriach,
y dŵr 'di troi yn win coch drud a'r gêm yn para'n hirach.

Fy nghwpan oedd yn hanner llawn, roedd mymryn bach o waddol
'rôl clywed fod Joe Allen, Bale, a Gunter yn ymddeol.

Ond Ramsey ddaeth fel bugail da a'm codi o'r dyfnderoedd
gan arwain praidd o Gymry coll tra'n siarad iaith y nefoedd.

Er, pan ddaw'r gwledydd oll ynghyd fis Medi, dwi'n reit siŵr
o gael trôedigaeth arall fel rhyw gwpan byd mewn dŵr.

Ni wadaf Warren, ni fradychaf Rob, ni roddaf sws ar foch,
nid siâp y bêl sy'n bwysig, ond eu bod nhw'n gwisgo coch.

ANEST BRYN

IVOR ALLCHURCH

Aer y Vetch, cynnwrf o ŵr – yw i'r cof,
 Crëwr celf, bonheddwr;
 Yr awen mewn chwaraewr;
 Rhoddai wefr, cerddai ar ddŵr.

Epil aur, eilun drwy'r plith – yn wenwisg
 Ag anian o ledrith;
 Rhwydai â champ ei droed chwith
 A throi hwyl yn athrylith.

Arwr heb urdd y dderwen, – er o'i ran
 Gwisgai'r ddraig fel seren;
 O'i roi o dan yr ywen
 Ysig yw heb ei wisg wen!

JON MEIRION JONES

GORAU CHWARAE (iii).

Un tîm o dri pwynt dau miliwn,
un wal yn gefn, yn gôr,
un bêl o bob emosiwn.

Un cyfle i roi ffwc o *encore*.

LLIO MADDOCKS

WEDI'R GÊM

NOFIO

Dadebrais, o'r diwedd,
O ymdrochi ym mywyd y ferch fu'n byw am byth:
Pob tro tudalen yn fy nhynnu ymhellach i'r lli
Fu'n nadreddu drwy fy nosweithiau diweddar.

Dof at y nesaf yn araf:
Petruso wrth y pentwr simsan ar ben y silff
Yn ystyried pa ffordd i fynd y tro hwn.

Bys troed o bennod i brofi'r dŵr
Cyn cracio'r cefn, a chomitio,
A phlymio i'r byd newydd sy'n fy nisgwyl tu mewn.

ELEN IFAN

GORAU CHWARAE (ii).

Amhosib mesur digon,
neu rifo cerrig afon,
ond mwy amhosib mesur gwerth
y ddraig sydd ar fy nghalon.

LLIO MADDOCKS

GLÖYN BYW

Cassius Clay

Gan fod cyffion aflonydd – ei enw'n
    gadwyni cywilydd,
  dyrnai'r hawl i dorri'n rhydd,
  i wneud enw'n adenydd.

GRUFFUDD OWEN

NEWID ENW

Pan drodd Cassius Clay i fod yn Muhammad Ali.

Yn dy enw, cadwyni
y gwarth a'r trais deimlaist ti;
roedd dolur ddoe dy deulu'n
y ddau air – a thithau'n ddu,
ddiymadferth, yn perthyn
i 'sgrythur y gwerthwyr gwyn;
boy oeddet ti yn y bôn,
yn Gassius, un o'r gweision.

A'r enw fu'n cynrhoni,
yn haearn tân arnat ti'n
serio o hyd; ond o'r sarhau,
o lynges o gaethlongau,
o gleisiau'r dyddiau pris da
a'r chwip, daeth pilipala.

MYRDDIN AP DAFYDD

RHODD

*Ar ôl gwylio Muhammad Ali yn cael gwobr
Personoliaeth Chwaraeon y Ganrif.*

Mae'n dwylo'n crynu wrth roi'r tlws
fel pilipala rhwng dy ddeuddwrn trwsgl.

Ofnwn gyflwyno gair
rhag i wenynen dy dafod
ein pigo.

Cawr dan barlys
yn derbyn gwobr gwybed.

Yr ofn sy'n ein hysgwyd
yw bod clefyd
wedi cipio'r cof.

Nes i'r geiriau ymlwybro
trwy ragfur yr wyneb clo –
'Hwyrach y do i yn f'ôl.'

A chawsom unwaith eto, yn rhodd
y gloywder ifanc, diguro,
y gorau.

MEG ELIS

COLLI RAY GRAVELL

Mae'n dawel yng Nghydweli – a'r Strade,
    ar strydoedd Llanelli,
  ar y Mynydd a'r Meini:
  mae'n dost heb dy gwmni di.

EMYR LEWIS

AR ÔL CLYWED AM FARW RAY

Annwyl Ray, mewn niwl yr wyf,
Ysig, gwywedig ydwyf.
Lludw llwyd yw'r marwydos,
Yma nawr y mae yn nos.
Yn falm nid oes gennyf i
Eiriau i gynnal Mari,
Nac i Gwenan a Manon
Eiriau hawdd ar yr awr hon.

Mae'n gwlad ar Barc y Strade
Heno'n fôr i'w gofio fe.
Arwr mwyn, cawr y Mynydd,
Gŵr cryfaf, dewraf ein dydd.
Y beichiau o dorchau'n dod
A wynebau cydnabod;
Ar hanner mae'r baneri
Ar lawer tŵr, lawr i ti,
Yn ei asbri a'i ysbryd:
Arwr di-gryn bechgyn byd.

Ei gynneddf oedd Eisteddfod,
A Dic am ei weld yn dod
I Gaerdydd i gario a dal
Cleddyf yn hyf ddihafal:
Ond ni ddaw, mae braw'n ein bro,
Ef a'i ddawn ni fydd yno.

Na, ni all gwanwyn a haf
Wywo er Calan Gaeaf.
A diau, er dod diwedd,
Deil 'West is Best' heibio'r bedd.
Eilun oet i'n gwehelyth,
Oet ein llyw, byddi byw byth.

ALED GWYN

RAY GRAVELL

Am unwaith, ar y Mynydd,
mor dawel, dawel yw'r dydd,
a thros orwel Cydweli
haul y nos a welwn ni,
y bore'i hun yn rhy brudd,
a'r eleni'n rhy lonydd.

Carai'i le, bob cwr o'i wlad,
a thaenai ei chwerthiniad
nes bod gwenau'r dagrau'n dod
o wynebau'i gydnabod,
a dôi ei ddieithriaid o
yr un dydd yn ffrind iddo.

Manon, ti'n awr yw'r Mynydd,
hwn a weli di bob dydd,
a Gwenan, ti'r wên gynnes,
yr un wên a wna Ray'n nes,
dwy dyner, a dwy einioes
i Mam nawr yn gwmni oes.

A'i draed ar Barc y Strade
âi'r dyn i'r gogledd a'r de;
yma ar hyd Cymru wedyn
dôi'r 'West is Best' i bob un,
ac ni fu byw unrhyw ŵr
anwylach yn ganolwr.

Enaid oedd ef nad oedd un
yn ei alw yn elyn,
ac o raid, am gawr a aeth,
yma i aros mae hiraeth,
hiraeth oes am ŵr a thad,
y gŵr mor llawn o gariad.

Ond wrth i foi Gwendraeth Fach
rywfodd ein gwneud yn gryfach,
gŵyr pob un mai dyn mor deg
yw'r gŵr a wnaed o'r Garreg,
un Grav mor dyner o'i grud,
un Grav diguro hefyd.

Yn dal uwchlaw Cydweli
y cawr hwn a welwn ni,
yr un o hyd heibio i'r nos,
yn awr, ac yno i aros
mae enaid mawr y Mynydd
o'r enw Ray yno'n rhydd.

TUDUR DYLAN JONES

YR ADERYN GLAS

Drama Maurice Maeterlinck a roddodd yr enw ar bêl-droedwyr Caerdydd.

Mewn ambell gell mae 'na gân
na ellir mo'i chau allan,
alaw sy'n chwalu'r gawell
a mynnu gweld y man gwell;

daw i'n cymell, ambell waith,
galw, a'n hannog eilwaith
i ddawns hardd y ddinas hon;

Clyw! Mae hi'n datod cloeon
tyn, tyn yr un stryd honno
lle daw rhyw air, ambell dro,
ar aden pob llawenydd
a'i sillafau'n rhythmau rhydd.

MERERID HOPWOOD

GARY SPEED

Fe gafwyd, am un funud, stori'i oes
    hyd derasau'n symud,
  ac ail-fyw goliau'i fywyd
  a wnaeth bloedd y miloedd mud.

OWAIN RHYS

TRO GWAEL

Gwisgodd ei grys West Ham,
er ei fod yn rhy fach yn barod,
i ddangos fod yr anrheg
pen-blwydd yn plesio.

Daeth â'i albwm sticeri
fel y gwelai mor ddiwyd y bu.

Bu'n ymarfer,
yn gyrru'i fam o'i cho'
â sŵn y bêl
yn dyrnu talcen y tŷ.

A neithiwr,
gwyliodd y gêm
fel bod ganddo sgwrs.

Ond ar ei ben ei hun
ar fainc yn y parc
y treuliodd y bore
yn magu'r bêl yn ei gôl.

GWENNAN EVANS

HILLSBOROUGH, 1989

Ar ôl y gêm disgwyliem gael
adroddiadau a phenawdau'n y wasg
a lluniau o'r goliau i gyd;
disgwyliem weld y sgiliau
a ddangosai rhai o'r chwaraewyr,
a'r rhannau gorau o'r gêm,
yn hwyrach ar y teledu y noson honno;
ac ar ôl y gêm disgwyliem
i gefnogwyr brwdfrydig fynegi
eu gorfoledd ym muddugoliaeth
y tîm a ddilynent, meddwi o lawenydd,
wrth ddathlu'r achlysur, crochleisio
hyd oriau mân y bore.
Y peth olaf y disgwyliem ei weld
oedd llun o rywun yn rhoi
blodau ar arch ar ôl gêm bêl-droed.

ALAN LLWYD

HILLSBOROUGH

Mae cicio pêl i grwt,
ac yn wir i ddyn, yn wefr.
Paham y mae'n rhaid i bleser mor ddiniwed o syml
droi ambell waith yn hunllef a gwae,
a glaswellt eto'n garped angau?

Mae 'no feysydd sy'n gadle celanedd:
Catraeth yn Efrog,
dolydd y pabi coch yn Fflandrys,
ac yn rhywle, medden nhw, mae Spion Kop.
Ond brwydr yw brwydr.
Gwahanol yw gêm.

Ond bellach aeth meysydd gwyrdd y gêm
yn erwau'r hen wylofain,
ac ar eu henwau glwyfau llidus –
Ibrox, Bradford, Heysel a Hillsborough.

A heddiw, drannoeth y drin, mae'r litanïau'n drwch
yn nheml y credinwyr,
ac ar allor y maes
mae sloganau, bathodynnau'n dorch,
a lliwiau'r achos, megis canhwyllau,
yn llosgi'n goffadwriaeth mud.
A chanu'n ddistaw ym mireinder blodau
mae adnod y ffydd – 'You'll never walk alone'.
Adnod sy'n lletach ei hystyr na chrynder pêl.

Nid oes a erys heddiw
namyn hiraeth am y rhai a fu,
y rhai a wybu bleser cicio pêl.
Paham y mae'n rhaid i bleser mor ddiniwed o syml
droi, ambell waith, yn hunllef a gwae,
a glaswellt eto'n garped angau?

DAFYDD ROWLANDS

HEYSEL

Lle bu braw, galar tawel – a wyrodd
    y baneri'n isel,
  a chwerw yw pob chwarae pêl
  yn nherasau oer Heysel.

EMYR LEWIS

LLOND LLE

I gofio'r gweithwyr adeiladu a gollwyd yn Qatar.

Pan fo llygad y stadiwm yn cau
a gwynt yr anialdir
yn cosi'r amrannau dur,
maen nhw yma o hyd;
y rhai fu'n herio anterth y gwres,
yn hael eu llafur yn chwys y lloer...

Maen nhw yma o hyd, yn gwmwl tystion,
yn gwylio'r seti blwydd
yn cael eu craenio allan
o'r rhyfyg concrid hwn;
a nhwythau heb fynd â'u celc yn ôl
i Mkushi na Kashmir...

Buon ninnau'n gweiddi orig
yn nhragwyddoldeb eu murmur nhw,
cyn i'r camerâu godi pac...
Nid oes sôn mwy am y tadau coll
a'u cegau'n llac gan syched am gyfiawnder,
ond... maen nhw yma o hyd.

IFOR AP GLYN

NID LEIDIS LA-DI-DA YDAN NI

Roedd menywod Cymru yn chwarae pêl-droed cyn gynhared â 1886. Dyma gerdd deyrnged i'r menywod hynny a chwaraeodd bêl-droed yn wyneb gwawd a gwrageddgas di-baid ar droad yr 20fed ganrif.

Mae ein gwreiddiau, heb os,
yn y gêm a'i chri,
yn ein cicio celfydd
a'n sgiliau di-ri;
a bri ein hawl i brofi
o gaeau'r Rhath i'r Barri.

Nid leidis la-di-da ydan ni
yn lolian rownd trefi
yn drywsus i gyd,
nac ychwaith gelynion
yn ceisio gormesu wrth ysu
am saethu'r bêl i'r gôl.

O Gasnewydd, Tyndyrn i Ddoc Penfro,
heidia cannoedd i'n gwylio'n
rhedeg a thaclo;
ac o Ddinbych-y-pysgod
i Aberdaugleddau,
mae seddau'n gryndod
dros ein timau.

Ac er iddynt geisio ein gwahardd,
ein gwawdio a distewi ein traed,
nid oes gwadu'r gwydnwch
a gydia'n ein gwaed na'r harddwch
yn llwyddiant ein talent.

Rydan ni yma,
ac fe barhawn i fod yma,
yn taclo pawb a geisia ein rhwystro rhag sgorio.

BETH CELYN

CYWIRO

er cof am Jôs, Penmaen, un o hwylwyr cychod rasio amlycaf Llŷn.

Nid yw pob un yn deall
Lle mae'r gamp, na lle mae'r gwall
Wrth lywio cwrs, ond sgwrsio
Yr un iaith â'r sêr wnâi o;
Môr i'w jib a chymrai 'i jans,
Rhoi i li raffau'r lowans.

Un â rhith y gorwel crwn
Oedd i'w gastiau'n ddigwestiwn,
A'i lyw fel poerad ei lw
Yn un â gwyriad llanw,
Cyn i wyrth ei amcan o,
Wynt neu gerrynt, ei gario.

GARETH WILLIAMS

AYRTON SENNA

Fe gafodd rhywfodd yn rhad
dalent i hollti eiliad;
wedi'i chael bu, gyda chwys,
yn unig o lwyddiannus.

Ei wylio nes o'r golwg,
dim i'w weld ond cwrlid mwg
ei Williams drwy'r corneli
yn chwarae â'n hofnau ni.

Hyd darmac y trac daeth tro
un arall chwim i'w herio'n
nes o hyd, ac yn sydyn
o'i ôl daeth angau ei hun
fel llofrudd ar ddydd o haf
a'i ddal cyn y floedd olaf.

Un eiliad yn troi'n alar
uwch ei gorff yn arch ei gar;
ar y Sul ei ras ola',
ôl ei waed sy'n Imola.

JOHN GLYN JONES

MAE GÊM YN FWY NA GÊM

Mai 1994, adeg marwolaeth Ayrton Senna.

Fe honnid slawer dydd gan fonheddwyr
Mai ysbryd y chwarae yw mesur pob gornest;
Ar fwrdd, mewn cylch, ar faes, tros gwrs,
Canmolid cywirdeb, tegwch, ac ymdrech onest.
Dyna paham y ceid mewn uchel bulpudau
Gyfeirio at foeseg y meysydd chwarae:
'For when the One Great Scorer comes
To write against your name,
He marks – not that you won or lost –
But how you played the game.'
Claddwyd yr efengyl waraidd honno
Gan Albanwr gwerinol oedd yn mynnu
Nad mater o fywyd a marwolaeth yw cicio pêl;
Mae'n bwysicach o lawer na hynny.

Ydy, mae gêm yn fwy nag gêm.
Ei hanfod yw cystadlu. Y naill (beth bynnag yw)
Yn erbyn y llall (beth bynnag y bo),
Ac ymhob cystadleuaeth nid bodlon ond buddugwr.
Siom pob colli, ennill yn unig sydd felys.

Mae ennill –
Ar fwrdd, mewn cylch, ar faes, tros gwrs –
Yn ei fwydo'i hun â'i fynych lwyddiannau
Nes tyfu ohono'n anorchfygol ddawn sy'n chwilio
Am bendrawdod goruchafiaeth.

Mae'r sawl sydd ben ac ysgwydd uwch y rhelyw
Yn chwilio am elyn anweladwy i ymrafael ag ef;
Y perffeithrwydd absoliwt
Sy'n crogi y tu hwnt i'w afael,
Sy'n cysgu'n freuddwydiol ym mhellter ei lygaid,
Sy'n ei yrru, sy'n ei sugno'n nes
At rimyn y ffin rhwng y posib a'r amhosib
Lle nad oes gystadleuaeth
Ond rhwng y pencampwr ac ef ei hun.
Bryd hynny, y tu draw i rimyn y ffin,
Yr ornest, rhan amlaf, sy'n ennill.

Ydy, mae gêm yn fwy nag gêm,
Oblegid megis bywyd ei hun,
Colli wna pob chwaraewr yn y diwedd.
Y gêm sy'n ennill.

DAFYDD ROWLANDS

CYDNABYDDIAETHAU

Alan Llwyd. 'Hillsborough, 1989.' *Ffarwelio â Chanrif* (Cyhoeddiadau Barddas, 2000).

Aled Gwyn. 'Ar ôl Clywed am Farw Ray', *Golwg*, rhifyn Tachwedd 15, 2007.

Aneirin Karadog. 'This is not Soccer.' *Pigion Beirdd y Mis* (Cyhoeddiadau Barddas, 2021).

Aneirin Karadog. 'Joe Allen yw fy Mugail.' *Her 100 Cerdd* (Llenyddiaeth Cymru, 2016).

Anest Bryn. 'Tröedigaeth.' *Y Talwrn* (BBC Radio Cymru, 2023).

Ann Dafis Keane. 'Llwybrau.' *Taliesin*, gol. Christine James a Manon Rhys, Cyfrol 131: Haf 2007.

Anni Llŷn. 'Tîm Rygbi Merched Cymry Caerdydd.' *Her 100 Cerdd* (Llenyddiaeth Cymru, 2016).

Beryl Griffiths. 'Yma o Hyd.' *Y Talwrn* (BBC Radio Cymru, 2023).

Bryan Martin Davies. 'Wrecsam, Tachwedd 1978.' *Cerddi Prifeirdd: Cyfrol 2*, gol. Moses Glyn Jones (Gwasg Christopher Davies, 1979).

Ceri Wyn Jones. 'Phil Bennett.' *Dauwynebog* (Gwasg Gomer, 2007).

Dafydd John Pritchard. 'Bread of 'Eaven.' *dim ond deud* (Cyhoeddiadau Barddas, 2006).

Dafydd Rowlands. 'Criced.' *Sobers a Fi* (Gwasg Gomer, 1995).

Dafydd Rowlands. 'Hillsborough.' *Sobers a Fi* (Gwasg Gomer, 1995).

Dic Jones. 'Tanni Grey-Thompson.' *Cadw Golwg* (Gwasg Gwynedd, 2005).

Dyfan Lewis. 'Titws Taf.' *Her 100 Cerdd* (Llenyddiaeth Cymru, 2019).

Einion Evans. 'Ian Rush a Chymru.' *Barddas*, rhifyn 128/129, Rhagfyr / Ionawr 1987/88.

Eirlys Davies. 'Rheolwr Tîm.' *Pigion y Talwrn 8*, gol. Gerallt Lloyd Owen (Gwasg Gwynedd, 1996).

Elen Ifan. 'Nofio.' Bardd y Mis (BBC Radio Cymru, 2023).

Elinor Wyn Reynolds. 'Disgwyl Enfys.' Bardd y Mis (BBC Radio Cymru, 2022).

Emyr Davies. 'Gwisg.' *Pigion y Talwrn*, gol. Ceri Wyn Jones (Cyhoeddiadau Barddas, 2016).

Emyr Lewis. 'Colli Ray Gravell.' *Golwg*, rhifyn Tachwedd 8, 2007.

Emyr Lewis. 'Heysel.' *Chwarae Mig* (Cyhoeddiadau Barddas, 1995).

Emyr Lewis. 'Stadiwm y Mileniwm.' *Canu Clod y Campau*, gol. Lowri Roberts (Gwasg Carreg Gwalch, 2009).

Eurig Salisbury. 'Man Gwyn.' *Pigion y Talwrn*, gol. Ceri Wyn Jones (Cyhoeddiadau Barddas, 2016).

Gareth Williams. 'Cywiro.' *Pigion y Talwrn*, gol. Ceri Wyn Jones (Cyhoeddiadau Barddas, 2016).

Geraint Jones. 'Wembley.' *Beirdd Bro Eisteddfod Ynys Môn*, gol. Cen Williams (Cyhoeddiadau Barddas, 2017).

Geraint Løvgreen. 'Dafydd Iwan.' *Sachaid o Limrigau*, gol. Tegwyn Jones (Cyhoeddiadau Barddas, 2011).

Gruffudd Owen. 'Glöyn Byw', *Mymryn Rhyddid* (Cyhoeddiadau Barddas, 2023).

Gruffudd Owen. 'Y Gêm Fawr.' Bardd y Mis (BBC Radio Cymru, 2016).

Gwenallt. 'Golff.' *Ysgubau'r Awen* (Gwasg Aberystwyth, 1957).

Gwennan Evans. 'Cywiro Camgymeriad.' *Pigion y Talwrn*, gol. Ceri Wyn Jones (Cyhoeddiadau Barddas, 2016).

Gwennan Evans. 'Tro Gwael.' *Pigion y Talwrn*, gol. Ceri Wyn Jones (Cyhoeddiadau Barddas, 2016).

Gwenno Davies. 'Limrig Dienw.' *Sachaid o Limrigau*, gol. Tegwyn Jones (Cyhoeddiadau Barddas, 2011).

Gwyneth Glyn. 'Gêm.' *Pigion Beirdd y Mis* (Cyhoeddiadau Barddas, 2021).

Hywel Griffiths. 'Ail i Glwb Pêl-droed Lerpwl.' *Her 100 Cerdd* (Llenyddiaeth Cymru, 2012).

Hywel Griffiths. 'Chwaraewr Tenis.' *Pigion y Talwrn*, gol. Ceri Wyn Jones (Cyhoeddiadau Barddas, 2016).

Idris Reynolds. 'Dringwr.' *Draw dros y don* (Cyhoeddiadau Barddas, 2004).

Idris Reynolds. 'Hanner Amser.' *Pigion y Talwrn*, gol. Ceri Wyn Jones (Cyhoeddiadau Barddas, 2016).

Ifor ap Glyn. 'Caerdydd 3.6.17.' *Cuddle Call* (Gwasg Carreg Gwalch, 2018).

Ifor ap Glyn. 'Llond Lle.' *Pigion y Talwrn*, gol. Ceri Wyn Jones (Cyhoeddiadau Barddas, 2023).

Ifor ap Glyn. 'Real v Juve 3.6.17.' Comisiwn Bardd Cenedlaethol Cymru (Llenyddiaeth Cymru, Gorffennaf 2016).

Iwan Rhys. 'I Geraint Thomas.' *Pigion Beirdd y Mis* (Cyhoeddiadau Barddas, 2021).

Janice Jones. 'Y Naid Bynji.' *Taliesin*, gol. Christine James a Manon Rhys, Cyfrol 137: Haf 2009.

John Glyn Jones. 'Ayrton Senna.' *Beirdd Bro'r Eisteddfod*, gol. John Glyn Jones (Cyhoeddiadau Barddas, 2013).

John Gwilym Jones. 'Cyffro.' *Pigion y Talwrn*, gol. Ceri Wyn Jones (Cyhoeddiadau Barddas, 2016).

Jon Meirion Jones. 'Il Buon Gigante.' *Barddas*, rhifyn 261, Chwefror / Mawrth 2001.

Jon Meirion Jones. 'Ivor Allchurch.' *Barddas*, rhifyn 261, Chwefror / Mawrth 2001.

Llio Maddocks, [@llioelain]. 'Gorau Chwarae (i).' (Instagram, 21 Tachwedd 2022).

Llio Maddocks, [@llioelain]. 'Gorau Chwarae (ii).' (Instagram, 25 Tachwedd 2022).

Llio Maddocks, [@llioelain]. 'Gorau Chwarae (iii).' (Instagram, 29 Tachwedd 2022).

Llio Maddocks, [@llioelain]. '"Ti'n rhy ddel i chwarae rygbi": Stwff ma hogia 'di ddeud wrtha fi vol. 21.' (Instagram, 3 Ebrill 2022).

Llion Jones. 'Gareth Bale ar Achlysur ei Ganfed Cap.' *Sgorio* (S4C,

Tachwedd 2021).
Llion Jones. 'Panini 1978.' *Pigion Beirdd y Mis* (Cyhoeddiadau Barddas, 2021).
Llion Jones. 'Ewro 2016.' *Bardd ar y Bêl* (Cyhoeddiadau Barddas, 2016).
Llion Jones. 'I Gyfarch Jason.' *Pethe Achlysurol* (Cyhoeddiadau Barddas, 2007).
Llion Jones, [@LlionJ]. '#TDF2018.' (Twitter, 29 Gorffennaf 2018).
Llion Jones, [@LlionJ]. '#TimMenywodCymru.' (Twitter, 2 Medi 2018).
Manon Awst. 'Nofio.' *Her 100 Cerdd* (Llenyddiaeth Cymru, 2018).
Marged Tudur. 'Ras y Moelwyn 2017.' Bardd y Mis (BBC Radio Cymru, 2017).
Mari Lovgreen. 'Chwaraeon.' *Geiriau Bach Chwareus*, gol. Anni Llŷn (Gwasg Carreg Gwalch, 2016).
Meg Elis. 'Rhodd.' *Pigion y Talwrn 10*, gol. Gerallt Lloyd Owen (Gwasg Gwynedd, 2000).
Mererid Hopwood. 'Yr Aderyn Glas.' *Taliesin*, gol. Christine James a Manon Rhys, Cyfrol 134: Haf 2008.
Myrddin ap Dafydd. 'Cân Shane.' *Bore Newydd* (Gwasg Carreg Gwalch, 2018).
Myrddin ap Dafydd. 'Newid Enw.' *Clawdd Cam* (Gwasg Carreg Gwalch, 2003).
Myrddin ap Dafydd. 'Llongyfarchiadau.' *Pigion y Talwrn 9*, gol. Gerallt Lloyd Owen (Gwasg Gwynedd, 1998).
Owain Rhys. 'Gary Speed.' *Pigion y Talwrn*, gol. Ceri Wyn Jones (Cyhoeddiadau Barddas, 2016).
R. Arwel Jones. 'Chwarae Pêl-droed efo'r Masai.' *Cerddi Caerdydd*, gol. Catrin Beard (Gwasg Gomer, 2004).
Robat Powell. 'Croeso i'r Liberty.' Bardd y Mis (BBC Radio Cymru, 2019).
Rhys Dafis. 'Clwb Pêl-droed Caerdydd (yr Adar Gleision).' Bardd y Mis (BBC Radio Cymru, 2018).
Rhys Iorwerth. 'Cwpan y Byd.' BBC Cymru Fyw, (16 Tachwedd 2022).
Rhys Iorwerth. 'Mewn Cynhadledd i'r Wasg.' *Pigion y Talwrn*, gol. Ceri Wyn Jones (Cyhoeddiadau Barddas, 2016).
Rhys Iorwerth. 'Rhyfelgri i Warren Gatland.' *Stwff y Stomp 2*, gol. Myrddin ap Dafydd (Gwasg Carreg Gwalch, 2018).
Sioned Erin Hughes. 'Spirit of the Blues.' *O'r Rhuddin* (Y Lolfa, 2024).
Tîm Talwrn Caernarfon. 'Wimbledon.' *Beirdd Bro Eisteddfod Ynys Môn*, gol. Cen Williams (Cyhoeddiadau Barddas, 2017).
Tîm Talwrn Penrhosgarnedd. 'Medal.' *Pigion y Talwrn 8*, gol. Gerallt Lloyd Owen (Gwasg Gwynedd, 1996).
Tudur Dylan Jones. 'Ray Gravell.' *Am yn Ail*, Tudur Dylan Jones a John Gwilym Jones (Cyhoeddiadau Barddas, 2021).